EXPOSITION UNIVERSELLE DE 1900

COLONIES FRANÇAISES

LE PAVILLON DE L'EXPOSITION
DE LA RÉUNION

PARIS

LIBRAIRIE AFRICAINE ET COLONIALE

J. ANDRÉ, ÉDITEUR

27, RUE BONAPARTE

1900

LE PAVILLON DE L'EXPOSITION

DE LA RÉUNION

EXPOSITION UNIVERSELLE DE 1900

COLONIES FRANÇAISES

LE PAVILLON DE L'EXPOSITION
DE LA RÉUNION

PARIS

LIBRAIRIE AFRICAINE ET COLONIALE

J. ANDRÉ, ÉDITEUR

27, RUE BONAPARTE

1900

I. — PAVILLON CENTRAL DE L'EXPOSITION DE LA RÉUNION. VUE EXTÉRIEURE (*Cliché Paul Chabrier*)

II. — EXPOSITION DU CRÉDIT FONCIER COLONIAL. AGENCE DE LA RÉUNION (*Cliché Paul Chabrier*)

LE

PAVILLON DE LA RÉUNION

A L'EXPOSITION UNIVERSELLE

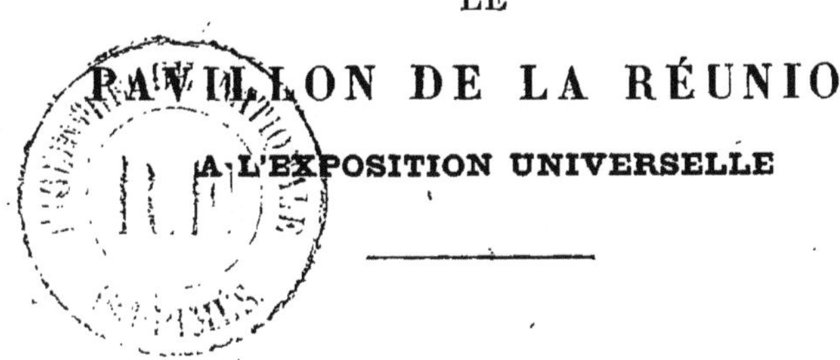

L'intéressante *Notice* publiée sur la Colonie fournit tous les renseignements nécessaires à ceux qui veulent bien connaître notre vieille colonie de la mer des Indes : histoire, géographie, économie politique, commerce, industrie, finances, travaux publics, renseignements généraux, statistique, rien n'a été négligé. Une visite au pavillon de la Réunion complétera utilement cette documentation, en mettant sous les yeux des visiteurs tous les produits, tous les articles de commerce, tous les objets fabriqués dont il est question dans cette *Notice*. Ce sera la meilleure leçon de choses qu'on puisse attendre d'une promenade à l'Exposition coloniale.

Aussi bien, le regretté M. Chabrier, M. Garsault, son digne successeur comme commissaire de la section, M. Brunet, commissaire adjoint de la section et leurs collaborateurs présents ou éloignés, ceux qui sont restés là-bas, et ceux qui sont venus ici pour classer méthodiquement les objets exposés et pour offrir au public les moyens de se documenter et de s'instruire, ont-ils droit à notre reconnaissance.

On saura gré par exemple au Comité local, à la Chambre d'agriculture et aux divers Chefs de service de la Réunion, d'avoir préparé les éléments d'appréciation que nous énumérons aujourd'hui. On gardera un souvenir ému au défunt M. Chabrier qui, sous la haute inspiration de M. Charles Roux, l'éminent délégué du Ministère des Affaires étrangères et des Colonies à l'Exposition coloniale, a su mener à bien l'œuvre architecturale artistique, élégante et commode conçue par M. Scellier de Gisors. Mais on devra réserver la grosse part de reconnaissance à notre excellent confrère de la presse républicaine Garsault, qui avec un zèle infatigable, une compétence sans égale et une bonne grâce inlassable, a su, depuis la maladie de M. Chabrier, organiser cette exposition, mettre en valeur les produits d'un pays qui lui est si cher à tant de titres... et se rendre sympathique à tous ceux qui ont eu la chance de l'approcher.

Garsault, qui est un ancien camarade des journaux de Normandie, a un premier mérite que nul ne saurait lui contester. Il est d'une bonne humeur que rien n'altère. Travailleur acharné avec cela, il devait forcément réussir. Quand il a quitté le journalisme où il s'était fait une bonne place, au Havre, pour aller planter sa tente à la Réunion, on se disait : il est fou ! Il veut faire du tabac là où chacun sait que le tabac n'est pas fumable. Eh bien, Garsault a fait du tabac excellent, très fumable, très combustible dont peuvent se régaler les amateurs... Malheureusement, il paraît que la Régie nous refuse ces délices, et c'est là ce qui nous a valu l'amusante anecdote racontée par M. le président de la République et que j'ai reproduite dans mon journal *La Dépêche coloniale* :

« Ici un incident amusant se produit. Tandis que » M. Garsault se donne une peine infinie pour faire valoir

» sa vitrine de vanilles, ses vieux rhums, ses cafés, ses
» eaux minérales, ses bois de camphre, M. le Président
» de la République, qui est très fumeur, a aperçu une
» vitrine de tabacs sur laquelle, trop modeste, l'aimable
» commissaire n'osait pas appeler l'attention.—Du tabac !
» dit M. Loubet. Est-il bon ?

» — Délicieux, Monsieur le Président, mais il est inter-
» dit de le fumer.

» — Comment cela ! mais le tabac des colonies françaises
» devrait, ce me semble, pouvoir se fumer en France.

» M. Garsault explique cette fantaisie de la Régie, et
» M. Loubet, mis en verve, raconte avec esprit une amu-
» sante discussion qui se passa jadis entre MM. Lockroy
» et Léon Say, deux hommes d'esprit, eux aussi, au sujet
» de la valeur des tabacs du département des Bouches-
» du-Rhône. M. Lockroy les jurait excellents et M. Léon
» Say les déclarait infumables ; enfin tout le monde se mit
» d'accord sur ce terrain de conciliation : ces tabacs sont
» délicieux, seulement ils sont incombustibles.

» Cette anecdote dite avec finesse et bonhomie a eu un
» très vif succès... mais elle n'a pas consolé M. Garsault. »

Non, sans doute, l'anecdote n'a pas consolé Garsault, qui
a mis des capitaux importants et a apporté un travail
énorme dans une affaire qui devrait marcher toute seule,
et que la vieille, l'absurde routine empêche seule de se
développer. Mais qu'il prenne patience : la Régie finira
bien par entendre raison. Elle vient, sous la pression de
l'opinion publique, d'accepter de vendre les cigarettes
mexicaines ; il y a deux ans, elle se décidait à mettre en
circulation les Bastos d'Algérie ; à la longue, elle cédera
sur ce point encore et consentira à livrer au consommateur
français le meilleur des tabacs... français des colonies. Ce
jour-là, le commissaire actuel de l'Exposition de la Réunion

aura non seulement sa fortune assurée, ce qu'il mérite à tous égards, mais encore il aura doté notre vieille colonie d'une branche d'industrie nouvelle susceptible d'augmenter dans des proportions considérables sa force productive... et nos fumeurs français d'un tabac excellent.

Il semble que tout ceci nous éloigne de notre sujet initial, qui est la description du pavillon de la Réunion; mais non ! ce n'était pas possible en effet d'analyser les produits de cette île sans mentionner l'un de ceux qui semblent avoir le plus d'avenir, et si nous avons parlé du tabac, c'est qu'à l'heure où les vieux produits du pays, sucre, café, semblent en décroissance, il était du plus haut intérêt de signaler en première ligne cette branche nouvelle d'exploitation qui peut être destinée à assurer un jour la fortune de la Réunion.

Il semble bien sans doute que la vanille et le rhum devraient suffire à alimenter l'activité commerciale de l'île ; mais si l'on ajoute à ces deux éléments économiques si importants, le tabac ; si la consommation de ce produit, au lieu de rester stagnante et de se faire uniquement sur place, arrive à fournir à l'exportation, elle constituera un mouvement commercial considérable dont il y a lieu de tenir compte dès à présent, si l'on veut décrire utilement au point de vue pratique, l'Exposition de la Réunion.

Les organisateurs de cette Exposition n'ont pas eu pour but exclusif de faire joli, c'est-à-dire de montrer de belles et bonnes choses sous un aspect gracieux et artistique : ils ont voulu, en instruisant le public immense qui défile devant leurs vitrines, faire profiter la colonie des observations qu'il y recueille, se mettre à même de se rendre compte de la valeur du sol, lui faire voir les produits qu'on y récolte et ceux dont on devrait développer la culture. A ce titre, comme production d'avenir, le tabac

III. Kiosque des Eaux et Forêts. Vue extérieure *(Cliché Paul Chabrier)*

IV. Exposition Colson & Cie *(Cliché Paul Chabrier)*

V. Exposition des Tabacs de la Réunion *(Cliché Paul Chabrier)*

VI. Exposition de la Réunion, Rhums et Liqueurs *(Cliché Paul Chabrier)*

devait particulièrement appeler l'attention. C'est pourquoi nous lui avons consacré la première place, en indiquant sur quelles idées générales M. Chabrier et ses dignes successeurs, ont tablé pour installer leurs intéressantes Expositions.

La construction même du pavillon de la Réunion se ressent avantageusement de ces idées pratiques. D'abord son emplacement a été admirablement bien choisi. Alors qu'aux expositions précédentes notre plus ancienne colonie était assez difficile à trouver pour le public, elle a maintenant pignon sur rue.

Reléguée jadis dans quelque coin de diorama commun à plusieurs autres colonies, elle étalait trop peu des bocaux trop rares, où ne se remarquaient, pas assez, des produits dont rien ne faisait ressortir l'intérêt.

Il en est aujourd'hui tout autrement.

A la Réunion, la fièvre paludéenne s'est dès longtemps changée en une fièvre de progrès; tout le monde a tenu à coopérer au succès de l'Exposition ; chacun y a mis du sien, et on a réussi à grouper tous les éléments possibles d'instruction et d'attraction. Ici la tâche a été rude. En l'absence de M. Chabrier, malade, Garsault a dû assumer toutes les responsabilités, prendre personnellement toutes les mesures nécessaires, veiller à tout et travailler sans relâche au succès d'une Exposition qui s'affirme enfin l'une des plus réussies.

Ajoutons que le commissariat général, en lui adjoignant le jeune Brunet, qui est l'un des collaborateurs de M. Charles Roux et qui déploie beaucoup d'intelligence, de tact et d'activité, a été on ne peut mieux inspiré.

Aujourd'hui l'Exposition de la Réunion est au complet, non seulement au point de vue personnel, mais encore au point de vue des installations et de l'organisation.

Son pavillon, très simple, très confortable et très élégant, situé dans le groupe des vieilles colonies françaises, est incontestablement le mieux placé de tous. Situé en face de la Guadeloupe, devant la Martinique, en bordure sur la grande avenue qui descend de l'aile droite du Trocadéro, il domine la Seine. De la varangue (verandah), chère à tous les créoles, qui règne tout autour de la salle d'exposition, un panorama splendide se découvre. Les jardins du Trocadéro avec leurs constructions coloniales de toutes formes et de toutes couleurs : l'Indo-Chine, à droite, montrant ses pagodes et ses palais, ses maisons annamites et tonkinoises, ses *arroyos* où circulent les *sampans* et les *jonques* ; la Tunisie et l'Algérie à gauche, pointant vers le ciel toujours bleu — car la saison elle-même est toujours favorable — leurs blancs minarets ; au bas de la côte, le Dahomey tout rose ; le Sénégal massif, prodigieux, inquiétant, fétichiste, dans sa mosquée Sonraï ; puis, de l'autre côté les élégants cottages du Canada, de l'Australie, les stucs surchargés d'ornements de Java, les clochers carillonnants de l'Asie russe ; en face, la Seine que nous oserons encore, quoique la métaphore apparaisse bien usée, qualifier de fleuve aux flots d'argent ; et par delà, le Champ-de-Mars, immense, sublime, champ de paix cette fois, ou la prodigieuse activité humaine accumula toutes ses forces, toutes ses énergies, tous ses progrès, et que clôt, — comme un rideau étincelant, flamboyant, multicolore — l'incomparable dentelle du Château-d'Eau.

J'ai tenu à insister sur cette situation exceptionnelle, parce qu'elle constitue l'un des éléments de succès de l'Exposition dont je m'occupe aujourd'hui. J'ai vu sous cette varangue qui règne autour du pavillon, les promeneurs, déjà las, que fatigue le grouillement de la foule, les artistes que préoccupe le désir de trouver un beau point de vue, je les ai vus, dis-je, venir s'asseoir sans façon dans les confortables fauteuils, les reposantes *berceuses* placés là par les soins des commissaires, et y goûter, en même temps que la fraîcheur et l'ombre, le charme d'un délicieux paysage. De même, j'ai vu, au pied du pavillon, sur la terrasse qu'occupe le bar-restaurant où se dégustent les produits du pays, j'ai vu, à cause de la douceur d'une température... coloniale, les coloniaux eux-mêmes venir s'asseoir sous les grands arbres, manger les karis les plus divers et les mangues, les bibasses, les combavas, les bananes les plus authentiques, en savourant les rhums, les cafés exquis... parce qu'on est bien là, parce qu'on y est au frais et parce que ce n'est pas cher.

Voilà ce qui frappe tout d'abord quand on vient visiter le pavillon de la Réunion.

Que si, poussé par un désir d'observation plus scrupuleuse, d'étude moins alanguie, et pour tout dire, moins paresseusement jouisseuse, on veut se rendre un compte exact de tout ce que renferme à l'extérieur et à l'intérieur cette intéressante Exposition, voici ce que l'on verra :

En dehors du pavillon dont nous avons décrit l'aspect extérieur, on trouvera un kiosque tout à fait élégant, œuvre de M. Naturel, l'architecte distingué, enfant de Bourbon qui fait honneur à son pays. Cet élégant édicule est construit entièrement en bois de l'île et contient l'exposition des Eaux et Forêts de la Réunion.

C'est là que nous pénétrerons tout d'abord, si le lecteur veut bien nous permettre de guider ses pas : de magnifiques fanjans (beaux vases ornementaux taillés dans la fougère arborescente), ornés de plantes tropicales, se dressent à l'entrée de l'avenue qui conduit au kiosque et à la porte du kiosque lui-même.

Au centre, une table couverte d'un tapis malgache (un

lambas) supporte des gradins recouverts de peluche sur lesquels sont rangés, tels des bijoux, les échantillons des bois d'origine, présentés selon la forme adoptée à l'École forestière. Cette collection des plus intéressantes est due à M. Kerourio, chef du service des eaux et forêts de la Réunion. Elle retient l'attention des spécialistes. Mais aussi quelles admirables essences ! Qui ne voudrait posséder un meuble en petit ou grand natte, en tamarin, en bois noir, en benjoin, en lilas, en jacquier, en tacamaka, en bois de fer, en camphrier, une boîte à gants en branle, en copallier, en fleur jaune, en bois de rose ? un petit fût en teck ?...

Nombreuses sont les utilisations de ces bois magnifiques, et la preuve, d'ailleurs, en est donnée dans le kiosque même, dont le fond est occupé par un piano artistique, sonore... et juste, en ronces de bois noir, exécuté par la maison Alphonse Blondel, dont nous aurons à parler ailleurs et qui fait de véritables œuvres d'art.

Aux quatre coins du kiosque, sur des tablettes aménagées avec un goût parfait, on peut voir tous les produits de la forêt autres que les gros bois : des cannes pour lesquelles les amateurs sont légion, des pots à tabac en fougère, des échantillons de miel vert, de cire... et même d'eaux minérales... car nous en avons d'hygiéniques, d'infaillibles, etc.

Le kiosque est, comme nous l'avons dit, voisin du bar de dégustation, où le Seigneur Ricard, qui est bien de la Réunion, celui-là, débite tant d'authentiques produits. J'ai mentionné les arbres épais répandant, à l'entour du pavillon, l'ombrage tamisé de leur verdure printanière ; j'ai même parlé, je crois, de *fanjans* qui font l'admirative stupéfaction des promeneurs cosmopolites. La Guadeloupe, la Martinique, en exposent bien de ces vases en

VII. — Exposition de la Réunion, Produits divers (*Cliché Paul Chabrier*)

VIII. Exposition. Le Coat de Kerveguen *(Cliché Paul Chabrier)*

IX. Exposition de la Réunion, Conserves Lacaze & Cafés
(Cliché Paul Chabrier)

racine de fougère arborescente; mais quelle colonie pourra comme la Réunion, en produire dont la taille dépasse un mètre?

« Ils sont si beaux, me disait un jour Garsault, qu'on nous les vole! »

Dans ce même kiosque une charmante vendeuse offre la *Notice*, tandis qu'une pianiste du plus grand avenir, Mme Lary d'Halencourt, auteur de nombreuses œuvres musicales estimées, fait entendre, en compagnie de M. Vachs fils, sur l'excellent piano d'Alphonse Blondel, les airs créoles les plus connus.

Et maintenant, gravissons le large escalier qui conduit à l'Exposition principale des produits de la Réunion. A l'heure où j'écris ces lignes, la foule est telle qu'à peine je puis me frayer un passage. De bien loin, sur tout le parcours de l'avenue très large qui longe le pavillon, les visiteurs s'arrêtent attirés, fascinés, oserai-je dire, par la magnifique exposition de bois, meubles, fourrages, objets en paille de M. Bellier de Villentroy, vice-président de la Chambre d'agriculture.

Cette exposition occupe tout un côté de la varangue extérieure. Là, on voit les bois du pays non plus comme de simples échantillons, mais sous la forme de belles planches et de magnifiques meubles réparés et revernis par les soins du délégué spécial, notamment un cartonnier en dix-huit essences différentes de bois du pays et des malles de bois de camphrier fort belles.

S'il m'était permis d'exprimer ici, avec tout le respect qu'on doit à une réputation consacrée comme celle des établissements du Chaudron, d'exprimer un simple regret d'artiste ou même d'amateur ayant l'habitude du meuble, je dirais qu'il est fâcheux que M. Bellier de Villentroy ait coté à des prix véritablement inabordables les ravissants

spécimens de son industrie qu'il a bien voulu nous envoyer.

La concurrence est grande à l'Exposition. Sans parler
de la production européenne, on peut dire que le Tonkin
l'Algérie, la Tunisie, Ceylan fabriquent de l'ébénisterie...
mieux qu'au faubourg Saint-Antoine, avec des essences
plus rares. Nul climat, sans doute, ne nous donnera les
bois parfumés, résistants, élégants, qu'on trouve à la Réunion et que M. Bellier de Villentroy fait travailler avec
tant de goût... mais encore faut-il tenir compte des besoins
et des ressources de son époque.

De l'autre côté de la varangue se trouve une exposition
scolaire des plus importantes. L'école centrale de Saint-
Denis, celle de Saint-Pierre, s'y font remarquer parmi
bien d'autres, pour les écoles de garçons. L'école du camp
Ozoux, celle de Saint-Leu, celle de la Rivière-Saint-Denis
sont à citer parmi les écoles de filles. Des travaux ornés
de belles photographies sur l'historique de l'enseigne-
ment primaire par M. J.-B. Bossard, inspecteur primaire
à la Réunion, et Laffon, directeur de l'École centrale de
Saint-Denis, sont également exposés dans la première
vitrine et méritent toute l'attention[1].

Enfin, deux autres vitrines ornent le reste des côtés
libres de la varangue ; dans l'une se trouvent des travaux
de dame d'une finesse, d'une élégance, d'un goût exquis.
Les objets en paille de chou-chou, notamment ceux de
Mmes Blanche Dubourg et Élisa Payet, y sont renfermés
et brillent à travers les glaces avec de curieux reflets de
métal et de soie ; dans l'autre vitrine se trouvent les vête-

---

1. Un autre travail de M. Mounier, chef du service de l'Instruction publique, nous a été signalé par M. le Délégué spécial, mais il avait proba-
blement été classé ailleurs, il ne faisait pas partie de l'Exposition de la
Réunion.

ments d'une coupe distinguée, exposés par M. Maurice Lagrave, et les chaussures de M. Paul Guiraud.

Pénétrons enfin dans la salle centrale. L'ensemble général est réellement beau.

La décoration due à la collaboration de MM. Garsault, Naturel et de Kervéguen est à la fois sobre, harmonieuse, riche, sérieuse et attrayante.

La salle, éclairée sur les quatre côtés par de hautes verrières placées entre le plafond et le sommet de la varangue extérieure, est tendue d'une étoffe d'un vert un peu éteint, très décoratif, sur lequel se détachent les vitrines en bois du pays (natte ou acajou) contenant des rayons recouverts de peluche d'un rouge sombre.

A hauteur d'appui, une table appuyée au mur fait le tour de la pièce ; elle supporte des gradins recouverts de velours grenat montant jusqu'à la moitié de la hauteur des murs.

Cette disposition, qui permet de donner place à de nombreux produits et de les classer d'une manière agréable à l'œil, n'eût pourtant pas été suffisante pour donner satisfaction à tous les exposants de la Réunion. Une table centrale a dû être ajoutée, et c'est celle qui se présente tout d'abord à l'œil du visiteur.

Trois principaux exposants occupent la table centrale :

En face de la porte, le Crédit foncier colonial avec une riche exposition de vanilles, quinquinas, sucres, thés, liqueurs, cafés, graines, etc. A droite, les établissements Colson et Cie avec des plans d'usine, et de belles photographies, une vitrine spéciale pour les cafés, un tonneau élégant contenant du rhum de 50 ans, des flacons en cristal ciselé contenant du vin de litchis, des sucres, des alcools divers ; à gauche, M. Charles Choppy avec une élégante vitrine pour ses vanilles et de superbes bocaux pour ses sucres et ses cafés ;

En face de la table centrale, entre deux grandes vitrines, M. de Kervéguen occupe une place dont le décor est beaucoup remarqué : sur un fond occupé par une panoplie de sagaies et d'armes diverses se détachent d'élégants bocaux contenant des huiles, des vins, des rhums, des sucres, des cafés, et deux jolies vitrines pour les tapiocas et les vanilles.

Un choix de laves du volcan de la Réunion et de nombreuses statuettes représentant des serviteurs indous complètent d'une façon originale cette fort belle exposition. C'est également M. de Kervéguen qui a prêté les tableaux de fruits du pays ornant d'une manière heureuse les murs du pavillon.

Notons, du même côté, la vitrine contenant les tabacs Garsault, admirablement disposée, et celle contenant les essences. Cette dernière est ornée d'un fort beau tableau ancien, attribué à Van Dyck.

De tous côtés, sur les gradins, les expositions particulières se dressent en pyramides, ornées de peluche, séparées par des flots de satin vert dont les bouillonnés gracieux dessinent d'élégantes arabesques. Des liqueurs remplissant des flacons de cristal aux reflets de couleurs brillantes, des rhums dans des bouteilles de toute forme, des alcools, des condiments, des graines, des cafés, des sucres, des chocolats, des plantes aromatiques, des tapiocas, des conserves, des miels, des cires, des vins de fruits tropicaux, des produits pharmaceutiques, etc., s'étagent, étincellent, chatoient et attirent les regards de tous les côtés à la fois.

Le long des murs sont disposés de nombreux tableaux de plantes médicinales, œuvre particulièrement intéressante de M. Duchemann, instituteur à Saint-Paul. Une pein-

X. Exposition de la Réunion, vitrine des Vanilles (*Cliché Wallon-Borie*)

XI. Pavillons de la Réunion. Allée centrale *(Cliché Wallon-Borie)*

XII. Pavillons de la Réunion, vue d'ensemble *(Cliché Wallon-Borie)*

ture du sultan Saïd Ali représentant le site célèbre du Bernica à Saint-Paul est également fort remarquée.

Mais nous voici devant le bijou et la merveille de l'Exposition de la Réunion.

C'est la vitrine contenant des vanilles.

Elle est disposée avec un art charmant, et il n'est pas de photographe visitant le pavillon de la Réunion qui ne demande l'autorisation de la reproduire.

Ce sont des séries d'élégantes boîtes vitrées où les vanilles les plus belles de notre colonie reposent sous leur couche de givre. Dès écussons très artistiques où sont peints les noms des exposants se détachent sur l'acajou des boîtes argentées; et partout autour de ces boîtes, empiétant parfois sur le cristal des vitrines, des lianes de vanilles tressées courent, grimpent, retombent en grappes, et se pressent enfin pour s'échapper de la vitrine et former au-dessous du motif principal de la décoration les deux lettres R. F. nattées comme des cheveux et embaumées de tout le parfum de l'exquise vanille de la Réunion.

Garsault doit être blasé sur les compliments qu'on lui a faits au sujet de cette admirable vitrine. Nous ne pouvons cependant terminer cet article sans lui renouveler tous les nôtres.

Si nous comparons l'Exposition de la Réunion à celle des deux autres colonies du même groupe, la Martinique et la Guadeloupe, nous sommes frappés par la vitalité que prouvent l'abondance et la qualité des produits exposés.

Mais que dirons-nous si nous la comparons à celle de l'île Maurice, sa voisine et sa rivale anglaise de la mer des Indes! Tout l'avantage est sans contestation possible en faveur de la Réunion.

Un pays qui peut donner sur un territoire cultivé depuis si longtemps, des produits semblables n'est certes point un pays mort. Le seul reproche qu'on pourrait lui faire, c'est de suffire trop largement à l'existence de ses habitants.

Qu'ils ne s'endorment pas dans leurs délices de Capoue; qu'ils imitent l'exemple de ce Noir qui trouva, dit-on, le moyen de féconder la vanille ; malgré la quantité des produits qu'ils ont tirés du sol, malgré les sommes formidables qu'en ont extraites la métropole ou l'étranger... qu'ils travaillent, qu'ils progressent, et la bonne mère nourricière qu'est la Réunion, cette vache à lait, comme l'appellent irrévérencieusement certains économistes contempteurs, ne leur refusera ni les moyens d'existence, ni la fortune.

Si l'un de ses seins (celui du coton par exemple) tarit, l'autre, celui de la vanille, du rhum, du tabac apparaîtra plus gonflé, plus chargé de richesses, grâce au concours des travailleurs que le Gouvernement ne peut manquer d'envoyer prochainement dans la colonie, en les empruntant au trop-plein de l'Inde française.

Il appartient aux générations nouvelles de ménager les anciennes cultures, de les rénover, s'il se peut, et de diriger, dans tous les cas, leurs efforts vers les cultures nouvelles qui sont le salut et l'avenir.

Ce faisant, elles auront bien travaillé pour notre vieille colonie de la mer des Indes et pour la France républicaine qui veut la prospérité de tous ses enfants : ceux que lui ont laissés les régimes passés et ceux qu'elle-même enfanta.

BOULAND DE L'ESCALE,
Secrétaire du Congrès international de sociologie coloniale.

Chalon-sur-Saône. — Imprimerie française et orientale de E. BERTRAND

www.ingramcontent.com/pod-product-compliance
Ingram Content Group UK Ltd.
Pitfield, Milton Keynes, MK11 3LW, UK
UKHW022345170726
13837UKWH00005BA/2419